야호! 신난다!
재잘재잘 역사여행

지구는 어떻게 형성 되었을까요?

옛날 옛날에~~
지구는 46억 년 전 우주에서 떠돌던
가스와 먼지가 뭉쳐서 태어났어요!
처음에 지구는 땅이나 바다도 없었고,
생명체도 살지 않는 뜨거운 불덩이였어요.
점차 시간이 흘러 물이 생기고, 단단한 땅이 생기고,
식물이 땅을 뒤덮고, 동물들이 생겨나기 시작했어요.

BOOM~!

그 후 약 137억 년 전,
빅뱅이라는 대폭발이 있은 뒤
은하가 형성되었어요.

약 35억 년 전,
최초의 생물이
등장했어요.

생물

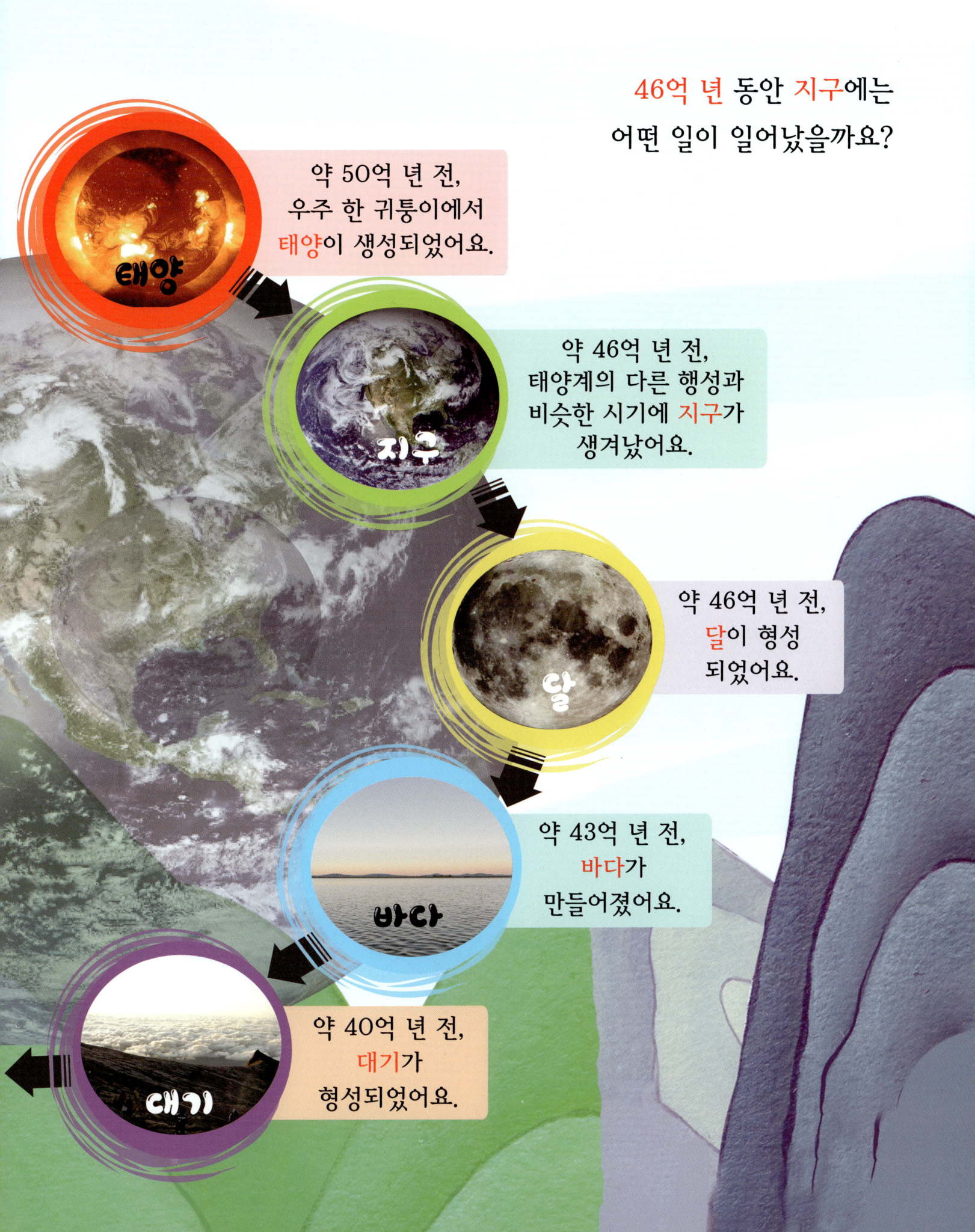

등뼈 있는 동물이 등장했어요!

지구에 처음 살기 시작한 동물은 물고기예요.
등뼈와 골격을 갖춘 최초의 동물이지요.
그 후에 물속에 살던 물고기가 육지로 올라왔어요.
물에서는 등뼈가 약해도 헤엄을 잘 칠 수 있었지만,
육지에서는 물 없이 몸을 지탱해야 했지요.
그래서 등뼈가 튼튼한 개구리(양서류)처럼 물과 땅을 오가며
사는 동물이 나타났어요.

이제 땅에서만 사는 동물인 공룡(파충류)이 등장했어요.
공룡은 이 시기를 지배했던
엄청나게 몸집이 큰 동물이에요.
그런데 공룡은 어느 순간
지구에서 모두 멸종하고 말았어요.

새(조류)처럼 하늘을 나는 동물이 나타났어요.
땅에는 털을 가진 포유류가 등장했어요.

그리고 드디어 손을 사용해 도구를 만들고 생각을 할 수 있는
사람(인류)이 지구에 등장했어요.
인류가 나타난 이후 지구 환경에는 커다란 변화가
여러 차례 있었어요. 아주아주 추운 여러 번의 빙하기가
반복되고, 빙하기 사이 간빙기에는 따뜻해져서
빙하가 녹고 비가 많이 내렸답니다.

인류의 진화

오스트랄로피테쿠스
약 400만 년
직립보행

호모 하빌리스
약 250만 년
손재주가 있는 사람,
돌로 도구를 만들어 사용

인류는 어떻게 진화했을까요?
진화란 지구에 인류가 처음 등장한 뒤
시간이 지나면서 점차 변화해 온 것을 말해요.

지구에 사람이 살기 시작한 구석기 시대

지구에 사람이 살기 시작한 것은 약 500만~800만 년 전이에요.
우리나라에는 70만 년 전부터 사람들이 살았어요.
처음에는 사람들이 돌을 깨거나 조각을 떼어내어 만든 뗀석기와
동물의 뼈를 도구로 사용했어요.
돌이나 뼈 따위를 도구로 사용하던 때를 '석기 시대'라고 불러요.
석기 시대는 구석기와 신석기 시대로 나뉘어요.

사람이 동물과 다른 점은 도구를 사용한다는 거야~

그래서 처음으로 돌을 사용했구나!

구석기 시대에는 주로 동굴에서 생활하면서, 먹을 것을 찾아 나무 열매나 뿌리를 캐어 먹거나 사냥을 하면서 자주 이동을 했어요. 구석기 사람들에겐 추위와 맹수들의 위험을 이겨내면서 밤을 무사히 보내는 것이 매우 중요했어요.

그래서 사람들은 짐승의 가죽으로 옷을 만들어 입고, 불을 사용하면서 더 따뜻하게 생활하고 사나운 동물들을 쫓을 수 있게 되었지요.

새로운 석기의 시대, 신석기 시대!

수십만 년 동안 진행되어 온 구석기 시대는 가고,
1만 년쯤에 새로운 석기 시대가 열렸어요.
바로 신석기 시대예요.
돌을 깨거나 떼어서 만든 뗀석기에서
돌을 다듬어서 만든 간석기를 사용했어요.
신석기 시대 사람들도 구석기 시대 사람들과 먹는 것은 비슷했어요.

신석기 시대는 농사를 짓기 시작했어요!

그러나 이때부터 농사(수수, 조, 콩 등)를 짓기 시작하고,
고기를 얻기 위해 가축도 길렀어요.
그리고 흙으로 그릇(빗살무늬 토기)을 만들어서 먹을 것을 보관하고,
움집을 지어 한 곳에 오랫동안 머물러 살았어요.
식물에서 실을 뽑아 옷도 만들고 물고기를 잡기 위한 그물도 만들었어요.

청동으로 도구를 만든 청동기 시대!

청동기 시대는 구리에 주석을 섞어 만든 도구를 사용하던 시대예요.
청동기 시대 사람들은 대체로 앞쪽에 시냇물이 흐르고
뒤쪽에는 나지막한 산이 있는 곳에 자리를 잡고 살았어요.
신석기 시대보다 농사짓는 도구가 발달하고 곡식의 종류가 다양해졌어요.
특히 벼농사가 시작되어 사냥이나 고기잡이를 하는 사람들이 줄어 들었어요.

집은 신석기 시대보다 땅을 얕게 파고 **직사각형** 모양으로 지었으며 크기도 훨씬 커졌어요. 구리로 농기구를 만들었으나 강도가 약해 농기구로는 사용할 수 없어서 여전히 **농사를 지을 때는** 석기를 사용했어요.

청동은 쉽게 구할 수가 없고 만들기가 어려워
장식품이나 제사에 꼭 필요한 물건을 만들 때만 주로 사용했어요.
그러다가 나중에 전쟁 무기로 사용했답니다.
시간이 흐를수록 농사 도구가 발달하고 농사 기술이 발전하여
사람들이 많아지고 우두머리인 족장이 생겨났어요.
족장은 하늘에 제사를 지냈어요.
그리고 다른 부족을 공격해 땅을 늘렸어요. (부족국가)
족장은 하늘의 소리를 전해주는 방울과 번쩍번쩍 빛나는 거울,
그리고 허리는 멋진 칼로 장식했답니다.

지배자들만 귀한 청동을 가질 수 있었어.

나라의 힘이 강해진 철기 시대!

철을 주로 사용하여 도구를 만들었던 시대를 '철기 시대'라고 해요.
이 시대에는 정교한 솜씨로 철 제품을 만들었어요.
그 결과 청동보다 철이 훨씬 많이 사용되었지요.
특히 철로 농기구를 만들면서 생산량이 획기적으로 늘었답니다.
식량이 많아지고 철제 도구가 발달하면서
사람들은 더 많은 식량과 땅을 갖고 싶어 했어요.
그래서 철로 만든 무기로 대규모 전쟁을 하기 시작했지요.
수차례에 걸친 전쟁 끝에 넓은 영토를 가진 국가가 생기게 되었어요.

아하~! 철기 시대에는 전쟁이 많았구나!

박물관에서 청동기 유물과 철기 유물을 살펴보면 큰 차이를 발견할 수 있어요. 청동기 유물은 보존이 잘 되어 있지만, 철기는 대부분 녹이 슬어 있지요. 이처럼 철은 청동보다 녹이 잘 슬어요.
하지만 철은 청동보다 훨씬 단단하다는 장점이 있어요.

철기가 만들어지는 과정

1. 철광석 녹이기

숯을 사용(+풀무질) 고온을 내는 방법으로 철을 녹였어요.

3. 쇠 두드리기

청동검은 보통 800도의 온도에서 만들어지지만, 철은 1,000~1,300도에서 만들어져요. 그만큼 더 단단하지요. 그래서 청동검은 주로 끝을 뾰족하게 만들어서 찌르는 무기로 쓰였지만, 철검은 베는 무기로 쓰였어요.
철검은 청동검보다 **단단하면서 날카롭기까지** 한 것이에요. 그래서 철기를 사용한 부족들은 청동기를 사용한 부족과의 전쟁에서 승리할 수 있었지요.

2. 쇠 달구기

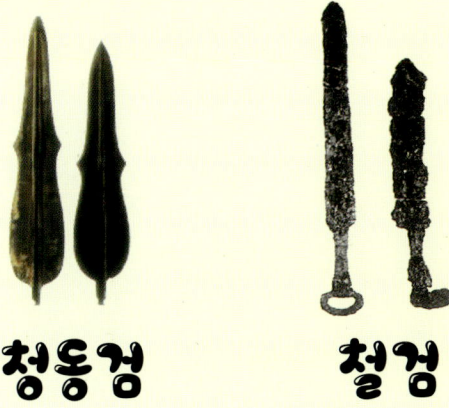

청동검 　　　철검

단군 신화와 고조선

옛날 옛날 하늘나라에는 하늘나라를
다스리던 환인과 그의 아들 환웅이 있었어요.
환웅은 사람이 사는 인간세계에 내려가 널리 인간을 이롭게 하고 싶어서
천부인 3개와 비, 구름, 바람(농사에 영향을 줌)을 다스리는 신하들과
이 땅에 내려왔어요.

* 천부인 : 하늘이 부여한 권력을 뜻하는 것으로 청동검, 청동 방울, 청동 거울을 뜻해요.

환웅이 농사와 사냥을 가르쳐
사람들은 행복하게 살 수 있게 되었대요.
이 모습을 본 곰과 호랑이는 사람이 되고 싶어 했어요.
환웅은 자신을 찾아온 곰과 호랑이에게 쑥과 마늘을 먹으며
백일동안 동굴에서만 지내라고 했어요.
호랑이는 견디지 못하고 뛰쳐나갔고 꾹 참은 곰은
사람(여자)이 되었어요.
곰이 사람이 되었다 하여 '웅녀'라고 불렀답니다.

단군왕검

환웅은 웅녀와 혼인하여 아들 단군을 낳았어요.
단군왕검은 자라서 아사달(평양성)에 도읍을 정하고
조선(고조선)이라는 나라를 세웠어요.
단군왕검은 하늘의 아들로 사람들에게 큰 도움을 주기 위해
인간세계를 다스리려 하였어요.
단군은 하늘에 제사를 지내는 사람이고, 왕검은 정치를 하는 임금님을 뜻해요.
최고의 힘을 가진 권력자를 단군왕검이라 불렀어요.

[삼국유사]에 의하면 단군은 1500년 동안 나라를 다스리고 1908세까지 살다가 산신이 되었다고 해요.
백성들은 단군을 우러러 보았고, 단군은 백성들을 사랑했답니다.
단군이 고조선을 세운 것을 기념하는 날이 개천절이에요.
10월 3일 개천절은 '하늘이 처음 열린 날'을 뜻한답니다.

나라가 점차 커지고 사회가 복잡해지자 고조선의 지배자들은 **여덟 가지** 엄격한 법을 만들어 죄를 지은 사람에게 벌을 주었어요. 지금은 3개 조항만 전해지고 있어요.

* 여덟 가지 법
1. 사람을 죽인 자는 즉시 사형에 처한다.
2. 남에게 상처를 입히는 자는 곡식으로 보상해야 한다.
3. 남의 물건을 도둑질한 자는 도둑맞은 집의 노비로 삼는다. 다만, 노비가 되지 않으려면 50만 전의 돈을 내야 한다.

고조선의 주요 유물

고조선의 주요 유물로는 고인돌, 비파형 동검, 미송리식 토기 등이 있답니다.

고인돌

미송리식 토기

비파형 동검

고조선에도 철기가 들어왔어요. 철은 돌처럼 잘 깨지지도 않고 청동처럼 무르지도 않으며, 나무처럼 잘 부러지지도 않고 쉽게 닳지도 않았어요. 돌보다 단단하지만 원하는 모양으로 만들기도 쉬웠지요. 청동기의 재료가 되는 구리는 일부 지역에 모여 있어 구하기 어려웠지만 철기의 재료인 철광석은 여러 지역에 골고루 퍼져 있어서 구하기 훨씬 쉬웠답니다.

고인돌